Henri Bouchot

L'Exposition des primitifs français

Critique

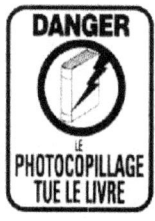 Le code de la propriété intellectuelle du 1er juillet 1992 interdit en effet expressément la photocopie à usage collectif sans autorisation des ayants droit. Or, cette pratique s'est généralisée dans les établissements d'enseignement supérieur, provoquant une baisse brutale des achats de livres et de revues, au point que la possibilité même pour les auteurs de créer des œuvres nouvelles et de les faire éditer correctement est aujourd'hui menacée. En application de la loi du 11 mars 1957, il est interdit de reproduire intégralement ou partiellement le présent ouvrage, sur quelque support que ce soit, sans autorisation de l'Éditeur ou du Centre Français d'Exploitation du Droit de Copie , 20, rue Grands Augustins, 75006 Paris.

ISBN : 978-1724734679

10 9 8 7 6 5 4 3 2 1

Henri Bouchot

L'Exposition des primitifs français

Critique

Table de Matières

Section I	7
Section II	10
Section III	16
Section IV	23
Section V	28

Section I

Il y aurait pour le lettré d'aujourd'hui, incliné vers l'érudition et l'archéologie, un intérêt tout particulier à relire dans les auteurs des XVIIe et XVIIIe siècles les opinions courantes sur notre ancienne école de peinture : c'est le dédain ou le systématique oubli de la part des gens les plus qualifiés. Il suffit alors à ceux qui se nomment volontiers des « curieux, » à ceux aussi dont la profession est d'écrire sur les Arts, que les Italiens soient venus projeter leur éclatante lumière sur le monde, et ces Italiens ne commencent guère qu'à Raphaël. Tous les Gothiques du Nord, les très vieux artistes, architectes, peintres ou sculpteurs, sont impitoyablement proscrits ; on les traite de naïfs et sauvages dérivés de l'art antique ; leurs « magots » difformes sont attribués en bloc à l'Allemagne ou à la Hollande. Quelques personnages inattendus, un peu singuliers, — tels Roger de Gaignières, ou Peiresc, — s'ingénient à recueillir les œuvres nationales dédaignées. Leur innocente manie fait sourire. Lorsque Mme de Montespan demanda au premier de ces « originaux » un recueil de modes anciennes tiré de ses albums, on voulut voir en ceci le caprice d'une jolie femme inoccupée. Pour le monde d'alors qui sait et qui pense, M. de Gaignières joue à un petit jeu très innocent, et n'est qu'un brave homme très fol. Il est gouverneur de la ville de Joinville, — mais si peu ! — pour Mlle de Guise ; il habite l'hôtel de la Princesse au Marais ; il recueille tout ce que la bonne dame abandonne à la passion thésaurisante de son officier, il amasse, il compile. Mais, en dépit des lettres fort aimables de la marquise de Sévigné, je ne croirais pas que celle-ci jugeât son correspondant un cerveau très solide, ni que « l'aimable Coulanges » ne s'amusât point de l'étrange passion du bonhomme. Le but que poursuit Gaignières, — la volonté qu'il a de réunir les éléments authentiques d'une histoire des usages et des mœurs chez les vieux Français, — échappe à la majeure partie de ses contemporains. Lorsqu'il écrit gravement, au bas de portraits acquis par lui à grands frais, et qui semblent si étrangement bouffons, le nom de peintres tels que Jehan Fouquet, Corneille, Janet, il n'a, pour le comprendre, que de rares bénédictins, ou d'audacieux correspondants de province. Entre Notre-Dame, la Sainte-Chapelle et la récente église des Jésuites de la rue Saint-

Antoine, les opinions générales n'hésitent guère ; elles hésitent bien moins encore entre Fouquet et Lebrun, Janet et Mignard. Pourtant le nom de Clouet, dit Janet a survécu ; on le cite volontiers en lui accordant, sans nulle limite de temps, tous les portraits de *façon antique* compris entre Louis XI et Henri IV.

Les anciens artistes français avaient, sur leurs émules italiens ou flamands, une infériorité capitale ; ils manquaient d'un historien. Alors que ceux-là avaient été célébrés par Vasari sur un mode louangeur, que ceux-ci avaient trouvé en Karl van Mander un chroniqueur crédule, adaptant à sa littérature modeste les récits les plus mirifiques des sacristains de la Flandre, personne chez nous ne nommait Fouquet, Perréal ou Bourdichon. Il arriva que, le « bon Monsieur de Gaignières » étant mort en 1711, laissant au Roi toutes ses collections, on n'imagina rien de mieux que de faire disparaître au plus tôt les peintures médiocres de son cabinet. Un peintre célèbre fut chargé d'inventorier les tableaux de sa galerie, laquelle pourtant comptait un Van Dyck, un Van Schuppen et quelques œuvres contemporaines : le tout fut mis à l'encan au nom du Roi bénéficiaire, et les prix atteints furent dérisoires. Telles œuvres, retrouvées de nos jours et acquises pour des sommes énormes, se donnèrent, par lots, à quelques sols le tas. Il ne pouvait guère en être autrement, car c'était le moment précis où les riches, entraînés par un enseignement et une littérature composites, ne goûtaient qu'une forme en art, le sublime en perruque joint à l'extravagance des Bolonais. De temps à autre, une des épaves du cabinet de Gaignières servait à fermer une cheminée ou constituait le battant d'une porte de meuble. Il fallut qu'un étranger, un excentrique, presque aussi fol que l'avait pu être Roger de Gaignières, apparût dans la fin du siècle et s'amusât à recueillir les vieux panneaux déshonorés, les réhabilitât, les mît dans sa galerie. Il se nommait Quentin Crawfurd, et, s'il n'eût été Ecossais, la Révolution ne lui eût guère pardonné cette réunion de figures « féodales » où Louis XI voisinait avec la reine Catherine. Un Français libre eût rougi d'accorder son attention à de pareilles horreurs lorsque Rome et Athènes revivaient dans l'art du grand David.

On vit cependant un citoyen courageux, gardien du patrimoine national dévasté, Alexandre Lenoir qui, au moment le plus sombre de la Terreur, reprit les traditions de Gaignières. Sa défense désespérée empêcha que le désastre fût irréparable. C'était au temps où les Flandres et l'Italie cachaient leurs trésors, et y ajoutaient la majeure partie de nos dépouilles, amplifiant ainsi la chronique déjà si majorée de leur bagage artistique. Faute d'un historien spécial, nous achevions de préparer le néant en faisant disparaître les derniers témoins. Et qu'étaient les épaves sauvées par Crawfurd et Alexandre Lenoir, comparées aux chefs-d'œuvre anéantis ? Le Louvre, Fontainebleau, les églises, les monastères, le Palais de Justice même, décorés de peintures murales, encombrés de tableaux votifs et de tapisseries, étaient badigeonnés par les partisans exclusifs de l'art grec, ou débarrassés de leurs tableaux par des « brise-tout. » Le clergé d'auparavant avait accompli des prouesses pires ; l'œuvre gothique avait dû céder le pas aux impersonnelles histoires de décadents italiens, choses piteuses et sans âme, malsaines dans les tendances qu'elles provoquaient. C'est ainsi que, au moment où des écrivains sérieux se voulurent inquiéter des origines, ils n'aperçurent plus, en France, que l'Italie d'un côté, les Flandres ou l'Allemagne de l'autre, et leur opinion se forma sur ces données. On dit encore aujourd'hui communément que la France n'a pas de Primitifs, ce qui est presque vrai, car on ne lui en a guère laissé. Mais lorsqu'on assure qu'elle n'en a jamais eu, on donne dans une erreur grossière, comme cet Allemand qui voyant passer les troupes françaises échappées à la Bérésina s'écriait : « Avoir pensé conquérir le monde avec cela !… »

Cependant tout n'a pas été anéanti, et si le Duc d'Aumale est allé chercher à Francfort, chez un vieux jurisconsulte allemand, les quarante miniatures du Musée Condé ; si le Musée de Berlin a pris à la même source un admirable tableau de l'auteur des miniatures, Jehan Fouquet ; si nous retrouvons du même artiste une vierge à Anvers, un portrait d'homme chez S. A. S, le prince de Liechtenstein à Vienne, un autre chez le comte Wilczeck ; si nous en devinons sous des noms supposés bien d'autres encore à Berlin, à Paris, à Florence, c'est donc que certaines épaves ont été sauvées. Mais Fouquet ne fut pas notre seul peintre : les Tourangeaux, les Lyonnais, les Champenois, les Bourguignons, les Avignonnais furent, chez nous, en nombre au moins égal aux peintres des autres pays, et lorsque nous parlons d'influences voisines sur les nôtres, sommes-nous bien sûrs que ce ne sont pas nos influences que les autres ont subies ? Nos dédains injustes ont laissé partir le meilleur des travaux de ces hommes, et de plus habiles les ont adoptés, baptisés et classés chez eux. Nous les venons réclamer un peu impudemment à ce *tour* d'enfants trouvés, nous les voulons revendiquer, mais ceux qui les ont gardés de mal se sont habitués à eux et ils les défendent comme le père nourricier dispute, à des parents indifférents, l'enfant adopté par lui, qui maintenant est devenu le sien.

Section II

L'Exposition qui va s'ouvrir au Pavillon de Marsan s'est donné la mission de rallier quelques-uns de ces débris ; mais, il faut le dire, son nom a fait sourire ceux qui n'ignorent ni les livres de l'érudition étrangère, ni l'enseignement des Universités. Ce mot de *Primitifs* réclamé pour des Français a paru la marque d'une exagération patriotique un peu intempestive. En effet, disent les érudits de la bonne observance, si ce terme de *Primitif* vise en réalité le plus ancien artiste et le plus naïvement soumis à l'acte de foi religieux, il n'est que des Flandres. Les Italiens eux-mêmes, avec leur admirable Giotto, sont de descendance byzantine, de décadence antique ; ils n'ont jamais été naïfs ni émus. Seuls les Flamands, les gens des Pays-Bas, ont connu la foi profonde, enfantine, candide, et l'ont exprimée dans un art à la fois simple et doux. Le vrai Primitif flamand serait donc Melchior Broderlam, d'Ypres ; car, avant lui, quel peintre connaissons-nous là-bas ? Bien mieux, quel architecte, quel statuaire, quel enlumineur les Flandres nous montrent-elles ? Orcagna disait : « Les arts vivent en commun, on ne les peut guère séparer l'un de l'autre. » Ce sont *tous* les arts qui, groupés dans une commune tendance, forment ce que nous appelons une école, et inscrivent les différences d'une contrée à l'autre. Or, et sincèrement, ni les Flandres du XIVe siècle, ni celles du XIIIe, ne nous donnent l'impression d'une école prospère avant la venue du duc Capétien-Valois, Philippe de Bourgogne, fils de Jean le Bon. Que les poètes du cru aient glorifié en des vers dithyrambiques la priorité de leurs contemporains, le cas n'est pas isolé. Mais Dante célébrant nos enlumineurs parisiens est plus digne de créance ; s'il les chante, c'est qu'ils sont. Il eût tout aussi bien noté ceux de Bruges ou de Harlem, au cas qu'il en eût ouï parler.

A considérer le mot de *Primitif* dans l'acception moderne, c'est-à-dire comme ne pouvant s'appliquer qu'aux plus anciens et aux véritables premiers artistes d'une école, le Primitif français est, à vrai dire, le plus ancien d'Europe. Nous savons déjà que Giotto n'y peut prétendre, étant fils direct des maîtres byzantins, descendants indirects des Romains et des Grecs. En France même, avant le XIIIe siècle, tant que les arts ne s'affranchissent pas irrévocablement du cloître pour se séculariser, l'inspiration reste traditionnelle et byzantine, sans caractère précis de terroir. A peine les ouvriers laïques, issus des communes, se montrent-ils, la poussée naturaliste s'impose, et elle s'explique par des raisons toutes simples. Le laïque ose étudier le nu, et, faute de l'enseignement pris à l'école des moines, il cherche autour de lui les éléments de ses travaux. S'il est enlumineur ou peintre, il adhère à ce groupement forcé des gens d'un même métier, qui soumet ses tenants à un canon, à une direction unique, née des tempéraments, du climat, des causes sociales et politiques. Or en aucun pays d'Europe la corporation n'a l'importance qu'on lui voit en France, et c'est Paris qui peut servir de modèle au XIIIe siècle. Son école d'artistes en tous genres est la plus libre, la plus féconde, la plus indiscutablement personnelle qu'on sache. Elle renferme des peintres, d'abord parce que l'on ne saurait admettre, *a priori*, que les architectes et les statuaires, les enlumineurs et les verriers, dont la renommée est universelle, n'eussent point fourni de peintres proprement dits. Ensuite nous connaissons encore des œuvres issues de ces inconnus, des fresques nombreuses, qu'une critique sage répugne à donner aux Italiens et aux Flamands, quand l'école de Paris triomphe dans tous les autres parties de l'enseignement graphique. Enfin, la preuve qu'il y en a, c'est que les registres de l'impôt les nomment, qu'on en voit plus de quarante à de certaines dates, assez haut parvenus pour tenir un rang bien supérieur à celui des enlumineurs de livres. Seule leur modestie est cause de l'oubli où ils sont tombés ; eussent-ils, à la mode italienne, inscrit leur nom sur des prédelles, et noté la date de leur œuvre, nous les pourrions peut-être reconnaître dans leur exil en des musées très lointains. Faute de cette gloriole innocente, les voici perdus pour nous, à jamais.

J'abrège ici des idées qui sont le résultat de recherches longues, de comparaisons, de confrontations incessantes. Ecole de l'Ile-de-France va paraître un terme plus audacieux encore que celui de Primitifs français. J'oserai pourtant dire que cette école possède des peintres travaillant sur panneaux de bois, cent ans avant que Giotto naisse. Ces artisans modestes, mais déjà très affranchis de la tyrannie byzantine des monastères, auront bien vite leurs statuts de corporation, leur technique, et celle-ci nous sera révélée au milieu du XIIIe siècle dans le livre des métiers d'Etienne Boileau. Ce sont des peintres-selliers, soit ! mais entendons bien ce terme de sellier. C'est l'artisan qui fabrique les selles, les meubles, qui prépare le bois des châsses, le revêt d'une toile, sur laquelle il applique de l'or. Sur cet or, il peint des histoires ou des décorations à l'œuf. Entre la châsse de Noyon, encore aujourd'hui conservée, et un tableau sur bois, la nuance est imperceptible. Les figures, qui y ont été mises au temps où vivait Cimabué, sont en singulière avance sur ce médiocre Byzantin ; elles montrent plus de dextérité et plus d'esprit. Toutefois à part cette œuvre, et une autre rencontrée à Albi, à part de rares vestiges, hier encore, donnés en bloc « aux écoles d'Italie, » à cause de l'or de leurs fonds, la plupart de ces travaux ont disparu. Leur fragilité même, le bois de noyer sur lequel on les exécutait, les cirons, les moisissures, et surtout, chose pire, le peu d'intérêt qu'on leur accorda dans les siècles suivants, ont précipité leur ruine. Le « vieil cadre de boys bien antique » des anciens inventaires est l'annonce d'une prochaine destruction ; s'il est usé on le jette au feu. Parfois on le donne, et de mains en mains, il voyage, jusqu'en Italie quelquefois, comme cette admirable *Adoration des Mages* de la collection Carrand à Florence, due à quelque Parisien inconnu.

Le fait de ne pouvoir plus montrer en France de trésors égaux à ceux de l'Italie quattrocentiste n'implique donc nullement que nos peintres aient été en infériorité de talent ou de nombre. Certaines mentions de comptes trahissent des quantités d'œuvres de longue haleine, des travaux considérables peints à l'huile sur des murailles dès le temps du roi Jean le Bon. Jean Coste, peintre parisien, a exécuté sur les indications, — sur les patrons — d'un certain Girard d'Orléans, valet de chambre du roi, toute une décoration dans le château de Vaudreuil en Normandie. Et voici une particularité de cette besogne qui vaut bien d'être signalée au passage. Sur ces murs normands, humides et salpêtres, Jean Coste *historie* une vie de Jules César ; il faisait donc œuvre d'humanisme longtemps avant que les idées antiques eussent été reprises dans les arts. Jean Coste était l'immédiat contemporain de Pétrarque : on en a voulu faire un *Costa* italien, ou même un *Coster* flamand. Jean Coste est Parisien. Il corrigeait par des « piétés » ce que la *Vie de César* montrait de trop païen dans une résidence royale ; des Vierges, des Crucifixions, des verdures compensaient le côté un peu imprévu de cette illustration murale. En Italie, l'œuvre de Coste nous fût peut-être parvenue ; à Vaudreuil, elle s'abîma dans la chute du château et son anéantissement fut complet. C'est, dit Paul Mantz, notre destinée ! L'Ecole française primitive n'a que des ruines à montrer, quand il reste même des ruines.

Il y avait sous Louis XIV, au-dessus d'une porte de la Sainte-Chapelle, un panneau d'un intérêt très puissant. C'était, dans une véritable scène de genre, traitée avec une forme de naturalisme précieux et sincère, la réception, par le pape Innocent VI, du duc de Normandie, Jean le Bon, et du duc Eudes de Bourgogne en 1343. On est au Palais des Papes à Avignon ; les voûtes gothiques s'en devinent en arrière d'une courtine d'or servant de tapisserie. L'artiste a représenté les deux princes devant le Saint-Père. L'un, le duc Eudes de Bourgogne est à genoux ; il offre au Pape un diptyque à fond d'or poinçonné, à la mode de Paris, sur lequel sont représentés Jésus et la Vierge. J'insiste sur ce diptyque particulier. Rencontré aujourd'hui à Florence ou à Bruxelles, on le mettrait sans hésiter au compte d'un Siennois.

Le tableau de la Sainte-Chapelle fut trouvé trop gothique au temps de Racine et de Boileau ; il disparut, caché sans doute, ou peut-être détruit. Cette fois, la Révolution n'y fut pour rien ; Cette scène laïque témoignait cependant de quelque audace, elle eût été pour nous la preuve irrécusable. Et, bien qu'on fait dit et qu'on fait cru, elle ne pouvait être de Simone di Martino, lequel était mourant, sinon mort à l'époque, et n'avait aucune des qualités spéciales devinées dans ce panneau. Somme toute, que nous importe le nom du peintre, Jean Coste, Girard d'Orléans, un autre, si l'on veut ? la besogne est de France, elle accuse avec les manuscrits, sortis de nos ateliers parisiens, trop d'affinités pour qu'on en doute. Aussi bien ce peintre n'était-il pas un isolé ni un phénomène ; à Saint-

Denis, à Villers-Cotterets, à Notre-Dame de Paris, en cent lieux divers, des tableaux parisiens montraient les rois de France en posture religieuse ; des fresques dues à nos peintres ornaient les entrecroisées, des peintures décoraient les autels, les meubles, les vêtements sacerdotaux, sans parler des verrières ni des tapisseries.

La tapisserie d'ailleurs n'intervient franchement que dans le milieu du XIVe siècle, quand les artistes s'aperçoivent combien la fresque est précaire chez nous. Tout le secret de notre supériorité parisienne dans ce genre de décoration, de fresques mobiles, peut-on dire, vient de cet empêchement originel. Par rémunération des pièces tissées à Paris ou à Arras, et recueillies chez le duc de Berry dès le temps de Charles V, nous avons loisir de comprendre l'activité de nos peintres. Tandis que les Italiens faisaient des fresques, eux composaient des cartons de tapisserie ; et pourquoi leurs œuvres eussent-elles été si inférieures à celles que les giottesques peignaient à fresque à Florence ou à Milan ? Des preuves nous restent d'ailleurs qui ne sont point si négligeables, et eussions-nous rencontré ceci en Italie ou en Flandre, nous en fussions demeurés enthousiastes. Il y a à Angers une tapisserie dont le peintre, Jean Bandol, est connu, dont le tisseur Nicolas Bataille ne l'est pas moins, et qui a été prise sur le modèle d'apocalypses de manuscrits royaux. Elle a dans son développement plus de 120 mètres, et les scènes qu'elle nous montre ont été, depuis, imitées par tous les peintres, jusques et y compris Van Eyck. Un fragment est promis et sera montré à notre exposition, il vaudra qu'on s'y arrête, qu'on l'admire, et qu'on salue en lui un contemporain des Jean de Milan ou des Duccio ; la comparaison ne lui sera pas défavorable. On dira et on a déjà dit que, pour ceci encore, les Flamands ont tout fait, qu'Arras, la vraie patrie des tapissiers, est flamande ; c'est raisonner très faussement. Au temps où les tapissiers inspirés par les Parisiens s'installent à Arras, le comté d'Artois est en la possession de Mahaut, nièce de saint Louis. Arras est alors si bien de France, que, sous le moindre prétexte, les Artésiens en viennent aux mains avec les sujets du comte de Flandres ou de Hainaut. Arras ne sera au duc de Bourgogne, souverain des Flandres, que bien plus tard. Son orientation d'origine lui sera venue de Paris, par les peintres que la comtesse Mahaut entretient à Hesdin dès le temps où commençait Giotto : c'est près de cent ans avant Gentile da Fabriano, Broderlam, et, en général, avant tous les grands noms que les histoires répètent en se démarquant les uns après les autres.

Voudrions-nous dire, comme on l'a cru, que les Néerlandais n'existassent pas alors, et que les Italiens fussent en retard sur les nôtres ? Non pas, en vérité ! Giotto a émerveillé l'Italie, ses continuateurs et ses copistes ont suivi, sans donner rien de plus, le mouvement splendide de ce Byzantin de génie ; car, je le répète, Giotto est de Byzance comme Cimabué. Les Français au contraire n'ont imité personne. Si des Italiens leur sont venus au commencement du XIVe siècle, ce sont de vulgaires mosaïstes romains ; d'ailleurs, ils paraissent s'être cantonnés à Poitiers. Le malheur eût été qu'on les copiât, car eux copiaient. Bien au contraire les Parisiens vivent d'eux-mêmes, de leur école, de leurs goûts plus rudes. On les dirait plus mesquins ; ils sont en réalité plus naïfs, plus sincères, plus *primitifs* dans le sens juste. Ils n'ont ni l'exemple antique sous les yeux, ni l'obsédante perfection grecque à chaque pas. Ils se forment sur la nature, sur la vie, sur des besoins particuliers de vision et de compréhension des êtres. Leur langue artistique peut sembler un peu barbare, elle est bien la leur, leur création ; elle a de la puissance, assez déjà pour monter vers le Nord et s'imposer jusque très loin dans les terres d'origine germanique. Nos thèmes graphiques, élaborés à Paris et dans l'île de France, sont adoptés à Harlem, à Cologne, en Bourgogne, en Savoie, en Lyonnais, en Touraine, en Normandie, en Angleterre, et dans le Midi, jusque dans le Comtat Venaissin, dans le comté de Nice, par où ils passent aux Génois et aux Milanais du XVe siècle. Sans nul doute, les Italiens finiront par surpasser nos vieux maîtres, mais ; au XIVe siècle, ils leur prennent autant qu'ils leur donnent. Remarquons certains détails de pratique, certaines formules, par exemple les plis d'étoile arrondis et souples de nos verriers du XIIIe siècle ; les voici italianisés dans le XIVe siècle. Giotto ne les avait pas connus ; Girard d'Orléans, et, avant lui, cent autres les employaient couramment. Et ils sont si bien nôtres que, plus de soixante ans avant la naissance de Taddeo Gaddi, Villard de Honnecourt, un architecte picard, les note dans son cahier de croquis. Ce sont de ces riens, une forme de nimbe, une forme de croix, un meuble, une coiffure qui nous apportent le renseignement précis dans la répartition des influences réciproques. Le Français qui peignit en

1359 le portrait de Jean le Bon, aujourd'hui encore conservé à la Bibliothèque nationale, était en avance de liberté et d'audace sur tous ses contemporains. Il parlait le langage des primitifs en des expressions vibrantes et brutales certes, mais d'une justesse de ton à peine croyable.

Section III

Notre exposition viendra-t-elle mettre en relief ces précisions ? le pourra-t-elle ? Saurons-nous, en réalité, montrer de ces véritables primitifs français ? Car le programme, limité aux dates extrêmes 1350-1589, remonte à une époque reculée, même pour l'Italie. De peinture flamande ni de peinture allemande, il n'est sérieusement question encore ; les archives de ces pays sont muettes sur les artistes, alors que chez nous leur nom se trouve à chaque folio des registres royaux. Le livre de M. Richard sur la comtesse Mahaut d'Artois, travail d'une singulière portée, nous fait surprendre, au Nord de Paris, toute une colonie de peintres venus de l'Ile-de-France, et transportés aux limites de la Flandre, à Hesdin, en Artois. Là, se montre Etienne d'Auxerre, un homme dont le renom n'est pas négligeable, et que le roi Philippe le Bel a envoyé à Rome pour ses besognes, lorsque l'illustre Giotto touchait à ses dix-neuf ans. Il eût été imprudent de rapprocher de ces noms certaines œuvres retrouvées et qui leur paraissent contemporaines. L'exposition ne l'a pas voulu faire ; elle a craint d'offrir aux visiteurs, mal préparés à cette étude, la franchise un peu rude de ces très vieux maîtres. Il reste d'eux cependant une châsse à Albi, une autre à Noyon, un Calvaire au Musée de Cluny ; on en connaît de nombreuses fresques. Des reproductions en donneront l'idée, mais la démonstration d'origine, établie par ce moyen, ne sera point exagérée dans le nombre. Comme nous l'avons dit, l'exposition prendra nos vieux artistes à l'avènement des Valois, au milieu du XIVe siècle. Contre toute attente, cette période troublée de notre histoire connut le mouvement d'art le plus décisif que la France ait vu. Ni la désolation des guerres, ni la funeste journée de Poitiers n'en arrêtèrent l'élan. La prise du roi Jean le Bon aura, dans l'exposition, un souvenir lointain, le plus lointain même, dans le portrait du Roi peint en Angleterre pendant sa captivité. L'effigie faisait autrefois partie d'un tableau de quatre volets fermant à charnières : les autres panneaux montraient le roi Edouard III le vainqueur, le dauphin Charles, depuis Charles V, et l'empereur Charles IV, tous parens très proches. Jean le Bon, hirsute et barbu, tout noir sur son fond d'or poinçonné, rappelle ces paysans de l'Ile-de-France peints de nos jours par François Millet en des toiles célèbres. Il avait été envoyé au dauphin avec les trois autres, et on le vit longtemps figurer à l'Hôtel Saint-Paul, résidence du prince.

Quand l'hôtel fut détruit dans le XVIe siècle, Arthur Gouffier, précepteur de François Ier, y vint chercher un souvenir, et comme sa femme Hélène de Hangest se piquait de protéger les arts et de les aimer, il emporta à Oyron le quatriplyque. C'est à Oyron que Roger de Gaignières, — le collectionneur dont il a été question déjà, — s'en alla chercher le roi Jean le Bon, tout seul, probablement séparé du roi Edouard III par quelque Gouffier patriote, et il le déposa dans sa galerie de curiosités nationales. A la vente de Gaignières en 1717, le régent Philippe d'Orléans, dont les goûts se retrouveront à cent ans de là chez son arrière-petit-fils le roi Louis-Philippe, voulut que le portrait du roi Jean restât à la France ; il le retira de l'encan. Telle est, en résumé très bref, l'histoire de cette pièce capitale, dont aucun autre pays ne possède un équivalent, et qui figurera au premier rang de nos primitifs. A lui seul, le portrait de Jean le Bon suffirait à justifier le titre de l'exposition ; il est, semble-t-il, de la main du peintre, valet de chambre zélé, qui suivit son maître en Angleterre, Girard d'Orléans.

Le portrait de Jean le Bon ne sera pas un témoin isolé ; quelques œuvres d'ordre différent viendront s'accorder à lui et lui faire cortège. D'abord le diptyque menu, pareil à la plus jolie page de missel, que garde la collection Carrand au Bargello de Florence. D'un côté, c'est une *Adoration des Mages*, de l'autre, la *Crucifixion*, l'alpha et l'oméga de la vie du Sauveur, résumé émouvant traduit par le plus naïf et le plus religieux des peintres. Pour qui regarderait bien, l'un des rois mages ne serait-il pas le roi Jean le Bon encore, et l'autre, le duc Eudes de Bourgogne, son compagnon de voyage à Avignon ? On l'a dit et on le croit ; je n'en disconviens pas. Ce qui est assuré, en tout cas, c'est la qualité spéciale du panneau, son adorable simplicité, sa grâce, sa Vierge jolie, toute jeune, aimable, en un mot, tout ce qui constitue le type parfait de l'art primitif, supérieur aux plus délicates inspirations des Siennois d'alors.

L'œuvre de Paris, celle des manuscrits, des sculptures, des orfèvreries, s'exprime savoureusement dans ce panneau minuscule. Mais nous aurons une manifestation plus nationale encore dans le parement d'autel, conservé au Louvre, et connu sous le nom de *Parement de Narbonne*. Dessiné en grisaille sur soie blanche, il faisait partie de ce que l'on nommait alors une « chapelle quotidienne, « c'est-à-dire la réunion d'ornements nécessaires au culte pour une fête donnée. Girard d'Orléans dessinait des chapelles quotidiennes ; les inventaires nous l'apprennent, et ces mentions valent mieux, pour la vérité, que les plus belles phrases débitées en l'air. Or, en plus du *Parement de Narbonne* emprunté au Louvre, nous montrerons une mitre d'évêque, identique dans sa décoration générale, que possède le Musée de Cluny. Le Parement du Louvre vient de la cathédrale de Narbonne ; il fut acquis par le peintre Louis Boilly dans le commencement du XIXe siècle. Il passait pour le don fait autrefois par un roi de France à l'église, et ce roi devait être Charles V. Le peintre l'a représenté faisant vis-à-vis à la reine Jeanne de Bourbon, à genoux et adorant le Calvaire. Ces portraits rappellent, dans leur sincérité naturaliste, celui de Jean le Bon ; ils sont incontestablement pris sur le modèle vivant ; les rides du Roi sont de ces détails qu'on n'invente pas, qu'on omettrait plutôt ; quant à la Reine, l'artiste l'avait avantagée de trop, il s'est repris, et ce *repentir* constate, mieux que tout, l'ouvrage « d'après le vif, » l'étude sur nature.

Une particularité assure au *Parement de Narbonne* une authenticité et une date bien incontestables toutes deux ; c'est l'imitation, la transcription fragmentaire que nous avons récemment trouvée, dans un des plus célèbres manuscrits de ces temps, les *Petites Heures* du duc de Berry à la Bibliothèque nationale. L'enlumineur du manuscrit n'était peut-être pas le dessinateur du *Parement*, mais il pouvait être son fils ou son compagnon. En tout cas l'inspiration de l'un à l'autre n'est pas discutable, et ce n'est pas le *Parement* qui fut copié d'après le manuscrit. Nous sommes en 1380 au plus tard, à la mort de Charles V, c'est-à-dire au temps encore où bien peu d'artistes italiens pourraient produire une œuvre d'une intensité dramatique aussi formelle. On sent que le peintre a vu représenter des mystères, qu'il en a cherché la puérilité cruelle et raffinée à la fois. Mais il y a mieux encore pour les historiens futurs de l'art français à ses débuts : ce sont les formules graphiques, les thèmes parisiens, empruntés aux mœurs ambiantes, qui se transformeront ultérieurement, passeront aux voisins, et de Paris gagneront les frontières. Déjà, l'*Apocalypse* d'Angers nous avait révélé certains motifs de composition, d'architecture que nous verrons bien plus tard utilisés par Broderlam, par les frères Limbourg ou les Van Eyck ; le *Parement* nous explique d'autres emprunts encore. Une figure de la « Vraie foi » y est surtout singulière ; elle a chez nous une ascendance lointaine. C'est justement celle que nous a conservée Villard de Honnecourt dans ses croquis de 1250. Le *Parement* est donc un monument français de pure lignée originelle ; il tient le premier rang dans nos tentatives de démonstration.

Nous avons parlé déjà de la tapisserie d'Angers, exécutée à Paris par le tisseur Nicolas Bataille, d'après les miniatures d'un manuscrit de Cambrai, agrandies par le peintre Jean Bandol. Cette œuvre unique fut commandée par Louis Ier duc d'Anjou, l'un des fils de Jean le Bon, l'un des Valois les plus magnifiques. La cathédrale d'Angers veut bien prêter à l'exposition l'une des pièces, celle dite de l'*Agneau*, dont les frères Van Eyck élargirent et modernisèrent la donnée dans le retable de Gand. Du manuscrit cambrésien au peintre de Bruges, par l'entremise du duc d'Anjou, c'est l'influence française surprise. Jean Bandol fût-il de Bruges, lui aussi, que la démonstration serait encore plus éclatante, puisqu'il ne fut qu'un adaptateur, et si l'on peut dire le copiste d'un de nos manuscrits, comme l'a prouvé M. Léopold Delisle. Aussi bien jugeons-nous très mal ces gens ; nos idées modernes nous égarent. Ni Girard d'Orléans, ni Jean d'Orléans, ni Jean Bandol, ni Van Eyck ne sont des peintres suivant l'observance récente. On les voit tour à tour sculpter, modeler, dessiner, mettre en couleur des meubles, et lustrer le parquet des salles. Si Jean van Eyck est rencontré peignant à Cambrai un cierge pascal, ses ancêtres de France ne dédaignent aucune besogne. Quel peut être le maître exquis dont une broderie de dalmatique, prêtée par M. Martin Le Roy, nous révèle le talent délicat et spirituel ? Je ne parle pas du brodeur dont l'habileté est incroyable, mais de l'inventeur capable de fournir de pareils modèles. Nul primitif, peignant sur panneau, n'eut à la fois autant de grâce et de malicieux esprit. L'œuvre mineure s'élève ici au plus haut.

A ce mouvement parisien du XIVe siècle se rattache un morceau dont l'illustration est aujourd'hui acquise et dont l'origine française est reconnue par les hommes avertis en ces matières : le *Portrait du roi Richard II*, en la possession de lord Pembroke. Ici, nous n'avons plus affaire à un manuscrit ou à une broderie, mais à une composition complète, cherchée, œuvre royale digne de toute admiration. Richard II est venu en France pour épouser la fille de Charles VI ; il est à Calais en 1396. Le tableau est vraisemblablement l'un des cadeaux du beau-père au futur gendre ; en tous cas, c'est un bijou de pittoresque, de vérité et d'ironie malicieuse. Sur le volet de droite, la vierge Marie, celle que nous connaissons, la vierge jolie et mignarde des Parisiens, tient son fils dans ses bras au milieu d'une théorie d'anges aux ailes relevées. Sur l'autre panneau, le roi Richard, vêtu d'une longue houppelande historiée, ayant derrière lui trois saints, saint Edouard, saint Edmond et saint Jean-Baptiste, est prosterné devant la mère de Dieu. Richard porte un collier de l'ordre du Cerf, sa robe est semée de cerfs, et, par une adorable naïveté, ou plutôt une intention gamine du peintre, tous les anges sont, eux aussi, décorés de l'ordre du Cerf ! Déjà ceci trahirait l'origine parisienne, s'il n'y avait mieux. Le saint Jean-Baptiste debout devant le roi est celui du *Parement de Narbonne*, celui aussi du diptyque du Bargello ; les anges se sont envolés de nos manuscrits les plus indiscutablement authentiques : Richard Plantagenet est redevenu Français.

Il faut le redire, ce sont là des survivants du grand désastre ; l'Angleterre en possède beaucoup d'autres, dont les Siennois et les Colonais bénéficient à cette heure, trophées conquis en France pendant les guerres du XIVe siècle. Que de vierges à fonds d'or, mises dans le butin des chevaliers anglais, devenaient là-bas des témoins des rudes journées ! Celui qui voudra écrire plus tard une histoire sérieuse de notre ancienne école de peinture aura le devoir de rechercher dans les collections d'outre-Manche les œuvres de ce caractère. Notre exposition en eût pu montrer d'assez nombreuses, au cas où leurs possesseurs actuels eussent consenti à leur arracher l'étiquette fausse d'un Duccio ou d'un Gentile. Au reste, l'Angleterre n'est pas seule à renfermer de ces souvenirs de notre activité. M. le consul Weber, de Hambourg, homme d'une très haute culture artistique, nous confie un triptyque quadrilobé, de provenance parisienne, que sa découverte à Dijon fit autrefois attribuer à Broderlam. Or, ce n'est pas Broderlam, c'est autre chose ; c'est à la fois moins habile et plus franchement primitif. Si l'on osait prononcer le nom de Jean d'Orléans, c'est à lui qu'on penserait.

Le problème posé de cette manière au Pavillon de Marsan, dans un local spécialement consacré aux œuvres de grande peinture, trouvera à la Bibliothèque nationale les élémens de solution dans les manuscrits exposés par les soins de M. Léopold Delisle. Là se découvriront dans leur majestueux ensemble les manuscrits illustrés pour les princes de la maison de Valois, ceux du roi Jean et de ses quatre fils, Charles V, Louis d'Anjou, Jean de Berry et Philippe de Bourgogne. Par eux nous constaterons les rapports des peintres aux enlumineurs de livres, la concordance des compositions et des thèmes. Peut-être montrerons-nous le manuscrit de Cambrai où Jean Bandol prit les éléments des cartons de l'*Apocalypse* d'Angers. Nous apercevrons alors la prééminence des Parisiens, car ils seront là en nombre et affirmeront leur existence de façon à ne plus laisser douter d'eux. Certains, — et non des plus connus, — serviront à établir ce que les *Très riches Heures* de Chantilly démontreront mieux encore, l'éclectisme et l'internationalisme du duc Jean de Berry, le plus raffiné des quatre frères dans sa passion de collectionneur. Le Louvre autorisera la sortie de ce panneau singulier et troublant, le *Martyre de saint Denis*, attribué à Jean Malouël, qui est sûrement de la main du dessinateur des *Heures* de Chantilly et de l'un des collaborateurs du manuscrit 66 du fonds français de la Bibliothèque. On dit les frères Limbourg auteurs de ces dernières œuvres, et l'on a cru découvrir un rapport de parenté très étroit entre eux et Jean Malouel. Or, les Limbourg sont Gueldrois ; mais, lorsqu'ils arrivent à Paris, ils touchent à leurs quinze ans bien juste. Un autre problème cependant sera posé à ce propos, et l'on s'efforcera d'y répondre, c'est le pourquoi de ces Gueldrois italianisés, adonnés à ce travail de façon transalpine baptisé « l'ouvrage de Lombardie » chez les familiers du duc de Berry. Or, nous avons la constatation péremptoire d'infiltrations réciproques d'Italie en France et de France en Italie à ce moment ; nous savons qu'un Français, Jean Mignot, et un Brugeois, vivant à Paris, ont été requis par les Milanais pour construire le Dôme, qu'ils ont été remerciés après disputes avec les architectes du pays. Ces deux hommes sont architectes, mais Jacques Cône, l'un d'eux, est aussi peintre, et son nom se présente volontiers lorsqu'on parle des *Très riches Heures* de Chantilly, à cause de la perfection architectonique rencontrée dans ce livre, et aussi parce qu'il travaille chez Pierre de Vérone, bibliothécaire du duc de Berry. Si ce que nous soupçonnons était démontré, nous aurions une explication naturelle à des faits pleins de mystère. Tant de la manière ultérieure des frères Van Eyck s'aperçoit aux œuvres dont nous parlons ! Tant de descendances se constatent indiscutables ! Il faudra bien qu'on remarque les identités d'invention et de technique entre les *Très riches Heures* et la *Vierge au donateur* du Louvre ; on sera forcé d'admettre que, des auteurs des manuscrits à l'auteur de la peinture, le lien se resserre. Ce sont les mêmes types, les mêmes accessoires, les mêmes oiseaux, ou les arbres pareils ; mais surtout le paysage indique une parenté. N'en croyons plus les phrases toutes faites, stéréotypées depuis deux siècles, et affranchissons-nous de fausses idées. Le duc de Berry n'avait pas d'ailleurs uniquement des Flamands à sa Cour, comme on l'a dit ; ses comptes n'en nomment que rarement. La plupart des peintres mentionnés sont de nos compatriotes, Michel Saumon, Jean d'Orléans, François d'Orléans, Colart de Laon, peintres de profession, et non miniaturistes, comme les Limbourg, Beauneveu ou Jacquemart de Hesdin. L'un d'eux, Jean d'Orléans, a été le premier ordonnateur de la corporation des peintres en 1391 ; c'est un personnage, il est d'Orléans, et habite à Paris la rue Mauconseil. Le duc de Bourgogne lui verse près de 400 livres d'alors pour un tableau sur bois, ce qui équivaut à près de 15 ou 20 000 francs d'aujourd'hui ! Nous les ignorons, mais ils existaient, et leur vie fut consciencieusement employée. Au regard des nouveaux venus, un peu entachés de « fasson estrange, » de métier étranger, ils étaient comme les traditionnels du sol Il faut donc penser à eux, et à tous leurs confrères, avant que d'oser affirmer rien de formel dans un sens ou dans l'autre.

Section IV

C'est de leur formulaire déjà humanisé, — et des produits franco-lombards, parfois adoptés par eux, — que l'art des Parisiens s'autorisera et s'inspirera, avant d'aller coloniser en Touraine et dans les Flandres. La marche fut parallèle ; Van Eyck leur devra autant que Jean Fouquet, et Fouquet, le Tourangeau, n'aura guère connu les Van Eyck ; tout au plus se sera-t-il formé à l'école de leurs inspirateurs. Des Van Eyck nous ne savons guère, autant vaut dire rien, du premier surtout, Hubert van Eyck. Longtemps ils apparurent comme une merveille spontanée, entrée brusquement dans la gloire. Ce sont là des contes à dormir debout. Avant Fouquet, certes, mais tout comme lui, les Van Eyck avaient reçu leur science et leur technique d'autres. La peinture à l'huile, dont un chroniqueur borné leur fait honneur, était d'usage courant à Paris dès le règne de Philippe le Bel. Les Parisiens occupés aux châteaux de la comtesse Mahaut d'Artois, avant 1329, achetaient leurs fournitures à Paris ou bien à Arras, et on y relève l'huile de fin pour couleurs. Si l'on veut louer les Van Eyck, d'abord, et Fouquet ensuite, de leurs fonds de paysages, si l'on a voulu insinuer que les premiers avaient fourni au second l'art des atmosphères et des plans, on oublie que le duc de Berry avait formé les initiateurs du genre, les précurseurs définitifs, lesquels, ayant travaillé dans le Centre, à Bourges surtout, avaient laissé des modèles que le jeune Fouquet avait admirés dès l'enfance, sans pour cela quitter sa Touraine.

Pour bien comprendre l'homme que fut l'artiste illustre dont nous écrivons le nom, il faut avoir étudié ses origines, démêlé le lien formel qui l'unit aux ancêtres, et l'admirer dans ses miniatures. Peintre, il a des lourdeurs et des inexpériences ; dans l'illustration, il est déjà le Français. Avec autant de philosophie, et non moins de pittoresque et de piquant, il devance les merveilleux dessinateurs de notre XVIIIe siècle. Tout ce qui nous reste de sa peinture paraîtra, une fois seulement, au Pavillon de Marsan ; on y verra groupées les œuvres du Louvre, de Berlin, d'Anvers et de Vienne, tout ce qui a pu résister, et qui, pour le moment, représente, à cause de sa rareté, le plus inestimable trésor. Par grand malheur, les feuillets des *Heures* ne quitteront pas le Musée Condé à Chantilly, mais le portrait de l'homme qui les avait commandés au peintre, Etienne Chevalier, nous viendra de Berlin. Ce vœu audacieux a été réalisé grâce à la bienveillance d'un illustre amateur, que nous sommes heureux de remercier ici.

L'histoire de ce portrait de Berlin est romanesque et singulière. Avant la Révolution, il y avait dans l'église Notre-Dame de Melun une pierre tombale, sur laquelle étaient représentés, en grandeur naturelle, Etienne Chevalier, ancien trésorier de Charles VII, et sa femme, Catherine Budé. Au-dessus de la tombe, contre la muraille, un diptyque était suspendu. C'était une peinture soignée, représentant, sur le volet de droite, une Vierge portant un enfant sur ses genoux. Sur le volet de gauche, agenouillé, dans l'attitude de la prière, un homme en longue robe foncée était présenté à la Vierge par saint Etienne son patron. Les gens disaient que la mère de Dieu avait emprunté les traits de la belle Agnès Sorel, maîtresse du roi, protectrice du donateur, lequel était Etienne Chevalier.

Si le doute eût été permis, il eût été levé par le premier feuillet du livre d'Heures ; la même scène, avec quelques différences, y est peinte, et ces *Heures* ont appartenu à Chevalier, puis à Duplessis-Mornay, puis à un autre Chevalier sous Louis XIII, et enfin à Roger de Gaignières. Le diptyque de Melun fut enlevé avant la Révolution, partagé en deux, et les fragments en coururent le monde. L'Agnès Sorel, en vierge ; finit par être accueillie au musée d'Anvers, qui veut bien la prêter à l'Exposition. Quant à l'Etienne Chevalier, il rallia son livre d'Heures en Bavière, et passa aux mains d'un jurisconsulte allemand, M. Brentano. Les feuillets du livre d'Heures découpés avaient été collés, à plein, sur des planchettes et ornaient la salle de billard d'un petit hôtel de la Taunus-platz à Francfort. Le panneau, peint sur bois et représentant Chevalier, était également là, sous un rideau de serge verte, admirablement conservé contre la poussière et la lumière. Depuis la mort de M. Brentano, le Musée de Berlin l'acquit de ses héritiers.

Pour la première fois, depuis cent ans, Agnès et son ami se trouveront réunis en France. Des émissaires spéciaux iront chercher chacun d'eux à son palais ; on les conduira et on les unira, pour trois mois, au Pavillon de Marsan, où ils seront l'objet de la curiosité universelle ; et après on les ira reconduire chez eux avec de pareilles révérences. Peu d'expositions rétrospectives auront connu une attraction de cette importance et de cette curiosité, tant par la valeur singulière des œuvres que par l'attrait romanesque des personnages. La chronique malicieuse voulait qu'en effet le trésorier de France eût été pour la Dame de Beauté quelque chose de plus qu'un ami très discret.

A ce joyau, le prince de Liechtenstein a voulu ajouter un autre des chefs-d'œuvre de sa galerie, une pièce capitale de Fouquet, un homme inconnu, portant un bonnet de velours noir, et qui peut soutenir la comparaison avec les plus illustres effigies sorties d'un pinceau flamand. Et lorsque, à ces contemporains de la belle Agnès, le Louvre, à son tour, joindra, par une mesure inédite et inespérée, le portrait de Charles VII ; le portrait aussi de ce Juvénal des Ursins, mafflu, rebondi et joyeux ; quand, mieux encore, nous rapprocherons de ces objets inestimables le bijou d'émail représentant Fouquet lui-même, par lui-même, avec sa mine éveillée et railleuse de paysan tourangeau, et enfin quelques feuillets du livre d'Heures échappés, égarés, revenus chez nous, l'impossible sera réalisé. Il faudra que pas un Français aimant les arts et que pas un étranger curieux de comparaisons ne manquent à ce pèlerinage. Le souvenir s'en devra conserver précieusement, et la gratitude en remonter à ceux dont la bienveillance a permis que pareille manifestation se pût ordonner et produire.

Cette place d'honneur, les Tourangeaux la garderont, même une fois la surprise de Fouquet passée, avec ce triptyque de l'église Saint-Antoine de Loches, que les plus louables scrupules n'ont voulu plus longtemps dérober à nos sollicitations. Cette œuvre n'est-elle point du maître ? Elle était autrefois à la Chartreuse du Liget, tout proche, et frère Jean Bourgeois, qui la commanda, fut un immédiat contemporain de Jean Fouquet. Les plus discrets d'entre nous n'osent point nommer le maître lui-même : c'est une prudence qui leur sera comptée. Mais son influence y est trop clairement marquée pour faire taxer d'exaltés ceux qui, dédaignant la date de 1485, estiment que Fouquet y eut sa grande part. Près de ce tableau, — tout près, — un délicieux minois de petit garçon vêtu de blanc, nous montrera le dauphin Orland, revenu d'Angleterre pour la circonstance. Pour celui-ci, nous pensons à Bourdichon, le peintre des *Heures* de la reine Anne de Bretagne, le livre le plus populaire que conservent les manuscrits de la Bibliothèque nationale. Bourdichon est de la descendance immédiate de Fouquet ; il lui a emprunté tous ses secrets de pratique, il n'a su pourtant lui ravir son esprit. Or, Bourdichon a peint des grisailles en grand nombre, les comptes nous le disent en cent endroits ; ce portrait d'Orland est justement une grisaille, la plus belle qui soit, la plus émouvante, car l'enfant mourut l'année même où il fut peint, et son effigie est sur son tombeau à la cathédrale de Tours.

Le grand Gérard David nous fut révélé à Bruges, il y a deux ans : nous voudrions espérer, que chez nous, celui que nous appelons maintenant le *Maître de Moulins* reçût à Paris sa consécration. Le Maître de Moulins, qu'il soit Jean Perréal, comme on le pense, ou un autre, n'a rien à envier à Gérard David. Le triptyque de la cathédrale de Moulins qu'on pourra rapprocher d'une miniature de la Bibliothèque nationale, et qu'on juxtaposera à d'autres œuvres similaires, sera cette fois offert à l'étude sans dispersion, car ses voisins appartiendront à sa famille proche. Il viendra de Glasgow, ce donateur qu'on a baptisé de tous les noms vraisemblables et qui n'est qu'un prince, chanoine de Saint-Victor de Paris ; elle viendra de Londres, grâce à la courtoisie de MM. Agnew, la femme si laide aperçue à Bruges, dont la sainte présentatrice, la Madeleine, descend en ligne directe du tombeau d'Anne de Bretagne à Rennes. L'évêché d'Autun enverra ce trésor inconnu, l'évêque Jean Rolin aux pieds de la Vierge, morceau d'une distinction rare et noble que pourront encadrer un tableau de Mme Yturbe, un portrait d'Anne de Beaujeu, et celui de son mari Pierre de Bourbon du Louvre, ce Pierre de Bourbon rencontré identique dans le manuscrit 14 363 de la Bibliothèque nationale. Le manuscrit sera produit ; on verra, dans la miniature initiale, ce que pouvait un artiste français au temps où triomphait Memling ; on aura lieu d'estimer qu'il n'a manqué à ces gens qu'un historien pour tenir le premier rang, des béguinages pour s'y enfouir et s'y conserver pendant des siècles. Une pièce du Maître de Moulins apparaîtra chez nous pour la première fois, c'est une *Assomption* que gardait un vieux prêtre. Le ventre de la Vierge fut usé par les baisers pieux, la peinture en est décolorée, mais l'œuvre fut sauvée par des simples. C'est le plus petit panneau de bois que montrera l'exposition, ce sera l'un des plus regardés, même en face de la *Vierge* de Moulins dont il est le frère germain. Rien n'égale la beauté de cette mère de Dieu, emportée sur les nuages roses et dorés par une théorie d'anges de Jean Fouquet, jolis, tendres, rappelant ceux de la chapelle de Jacques Cœur à Bourges. Quelqu'un a dit : C'est le Murillo du Louvre, peint par Meissonier, avec la palette du plus éclatant coloriste. C'est un feuillet de livre d'Heures mis sur bois par un incomparable artiste.

Pour les démonstrations tentées, nous aurons mieux que cela encore, mieux que Fouquet même, car l'artiste dont nous allons parler possède aujourd'hui un état civil complet ; l'œuvre que nous exposerons a sa note précise, son acte de commande ; nous savons la date à laquelle on commença le tableau, et quand il fut placé sur l'autel dans le pays où il est encore. Longtemps les critiques autoritaires, tel Michiels, dont la fureur baptisante était extrême, l'avaient admiré, puis donné à Van Eyck, — naturellement ; — puis à Van der Meire. Plus modestes, les Provençaux en reportaient l'honneur au roi René. Là-bas la légende du roi-peintre est vivace ; il n'est pas de tableau, grand ou petit, bon ou mauvais, qui ne lui soit donné : on lui faisait donc gloire du *Couronnement de la Vierge* de Villeneuve-lès-Avignon.

Ces années dernières M. l'abbé Requin, dont les recherches habiles nous ont appris tant de choses nouvelles, rendait à Enguerrand Charonton, de Laon, la paternité de l'œuvre. Un prêtre d'Avignon, Jean de Montagnac, l'avait commandée à l'artiste et lui en avait ordonné la composition un peu touffue. Enguerrand Charonton, le peintre, recevait 126 florins pour sa besogne, il la devait terminer avant le mois de septembre 1454, c'est-à-dire au temps où Van Eyck venait de mourir, où Jean Fouquet débutait ; où Roger de la Pasture était dans la force de son talent. Par une chance bien rare, le programme complet du travail et la disposition générale du plan avaient été transcrits dans l'acte de commande retrouvé chez un notaire d'Avignon. Nulle part au monde, œuvre de peinture ne saurait administrer de façon plus éclatante sa preuve d'authenticité et d'origine. Mais une constatation se fera là qui vaut plus encore : c'est que la prétendue manière flamande n'est pas seulement de Flandre ; le tableau de ce Laonnois autorise nos inductions ; il nous enseigne que bien des panneaux égarés, enrégimentés sous la bannière néerlandaise, ont peut-être une naissance moins assurée qu'on ne dit. Si l'on étudie l'œuvre de Charonton, on s'apercevra bien vite que les formules de Jean Fouquet ne sont pas étrangères au peintre picard ; que des tendances communes les réunissent ; et que le mot de peinture flamande perd singulièrement de son acception étroite et bornée.

On s'étonnera donc moins de cette prétendue allure flamande rencontrée dans le *Buisson ardent* de la cathédrale d'Aix, dans le *Saint Siffrein* du grand séminaire d'Avignon, qui, hier inconnu, sera célèbre demain. Nicolas Froment, le peintre de ces œuvres, est un Flamand, au dire de Michiels. En réalité Nicolas Froment est né à Uzès, et ses œuvres ne sont plus des énigmes. L'une d'elles est au Musée des Offices avec une signature ; on groupera, autour du *Buisson ardent*, le *Diptyque de Marleron* du Louvre, *la Vierge et Sainte-Anne* de l'église de Joigny, la Résurrection de Lazare du docteur Reboul de Lyon, un tableau appartenant à M. von Kauffmann, conseiller intime à Berlin. Nicolas Froment doit encore une résurrection complète à l'abbé Requin. Froment d'Uzès, le prétendu Flamand, est, comme Charonton, comme Fouquet, comme Bourdichon et Perréal, avec une légion d'autres, le rival en marche parallèle des grands artistes du Nord. Partis d'un même rameau français, les Van Eyck, les La Pasture et ces hommes ont suivi une voie concurrente, avec des réussites égales ou inégales, mais dans une parité absolue de pratiques et de tendances. Devant les faits indéniables et les preuves, nous sommes donc fondés à nous demander où commence la Flandre et où finit la France.

Section V

L'entreprise fut laborieuse, elle fut contestée même par ceux d'entre nous qui, dans un excès de scrupules, entendaient établir les limites de l'un des arts à l'autre avant de rien oser. L'essentiel pour nous fut de justifier le titre de *Primitifs français*, de vrais primitifs, avec leurs qualités et leurs défauts, et de montrer, par la juxtaposition d'œuvres peintes, et de manuscrits authentiques, le bien fondé de nos revendications. Bruges a fait éclater la valeur de deux grands artistes de la fin du XVe siècle : Memling et Gérard David. Mais des primitifs, authentiquement issus de l'esthétique néerlandaise, pas un ne marque réellement. A ce compte, nous aurons une enseigne établie sur des raisons plus valables. N'allons pas plus loin pour le moment. Ne disons, ni que Fouquet fut supérieur à Van Eyck, ni que le Maître de Moulins dépassa Gérard David ; ces oppositions sont de portée nulle. Les plus grands de ces peintres ont écrit les dialectes différents d'une même langue ; ceux du Nord eurent de la précision et du calme ; ceux du Centre plus d'imagination et d'esprit. Ces nuances persisteront très tard. Dans le portrait, les peintres de l'observance fouquettiste, les Clouet, n'iront pas, comme on le disait naguère encore, demander à l'Italie le secret de leur art sobre et spirituel ; ils n'auront besoin ni de Memling, ni d'Holbein, ni de Pisanello pour se former. L'école de la Loire leur aura transmis un code parfaitement en règle dont ils useront à fort bon escient. Les Clouet père et fils, Jean et François, et leur dérivé Corneille, dit de Lyon, auront à notre exposition une place plus discrète, mais le triomphe leur est acquis. Une des salles du Pavillon de Marsan leur sera réservée ; elle rappellera la « chambre aux peintures » de Corneille, visitée en 1549 par Catherine de Médicis lors de son passage à Lyon. Ultérieurement, la chambre aux peintures fut dispersée, mais Gaignières en avait sauvé les débris en les achetant des héritiers de Corneille. On en verra quelques-uns au Pavillon de Marsan, portant encore le cachet de la vente de Roger de Gaignières en 1717. A ces hommes, si expressément nôtres, viendront se joindre les peintres décadents de la pléiade franco-italienne de Fontainebleau, faussés dans leur génie propre par des équilibristes de talent tels que Primatice ou Rosso. Du nombre sera Jean Cousin avec cette *Eva prima Pandora*, qui provoqua, sous le second Empire, plus d'admiration que *la Joconde* de Léonard, et que notre génération ignore. Puis ce seront *la Paix* du Musée d'Aix, *les Grâces* du Musée de Rouen, œuvres singulières, décadentes, sans beaucoup de charme pour nous. En réalité les portraits seuls marqueront la France. Ils établiront, de Jean Fouquet à François Quesnel, une chaîne ininterrompue, reconnaissable à des signes non douteux, l'esprit des physionomies, la grâce, la malicieuse ironie du regard, et ces mains, appuyées au rebord d'une fenêtre, à la façon du Fouquet de la galerie Liechtenstein, qu'on voit à la reine Elisabeth du Louvre, à la Marguerite de Valois de Chantilly, comme une signature, une marque d'origine : *Made in France*. Il fallait que cette manifestation eût lieu ; nous la devions à nous-mêmes, aux étrangers aussi, qui ne comprenaient plus notre indifférence, au milieu du mouvement général en faveur de l'art rétrospectif. Certes, l'exposition du Petit-Palais, en 1900, avait été un triomphe pour l'organisateur, M. Emile Molinier. Mais la multiplicité des éléments offerts avait empêché d'en tirer les conclusions utiles. Cette fois, nous nous serons bornés aux œuvres dites de plate peinture, panneaux, tapisseries, émaux peints et miniatures de manuscrits. Le Musée des arts décoratifs a gracieusement prêté les salles de son exposition permanente à la peinture, aux tapisseries et aux émaux ; la Bibliothèque nationale s'est réservé les manuscrits. Pour la première fois, celle-ci entr'ouvrira son écrin ; elle fournira aux sa vans et au public amateur l'indispensable comparaison des peintures sur panneaux avec celles des manuscrits royaux ou princiers. On convient aujourd'hui que le duc Jean de Berry fut le plus actif agent de diffusion de l'influence française dans l'Europe entière ; ses manuscrits précieux seront montrés, on aura loisir de se faire une opinion. Les organisateurs ont choisi le cycle des Valois, 1350-1589, parce que les princes de cette dynastie furent excellemment des amoureux d'art, et que, de père en fils, la tradition s'en garda chez eux jusqu'à Henri III. Les plus heureux furent les Valois de Bourgogne, installés dans les Flandres. La France, eut Louis XI, un dédaigneux de « babioles, » qui arrêta quelque temps l'essor. Mais nous devinons très bien, malgré tout, que l'unité de race conformait ces hommes et leur entourage. Le duc d'Anjou, l'un des frères, alla porter un peu de France jusqu'en Sicile, le duc d'Orléans en mit dans la comté d'Asti. Ce fut la vraie conquête et la plus sage, et le vainqueur fut à son tour conquis. Ce sont ces apports réciproques que nous souhaiterions enfin pouvoir clairement démêler. L'enseignement s'en dégagera-t-il de l'exposition ? C'est un vœu que nous formons, dans l'unique intérêt de l'histoire et de la vérité.

ISBN : 978-1724734679

www.ingramcontent.com/pod-product-compliance
Lightning Source LLC
Chambersburg PA
CBHW070944220526
45469CB00007B/2516